BEI GRIN MACHT SICH IHR
WISSEN BEZAHLT

Change-Prozesse in der Digitalisierung. Gestaltungsmöglichkeiten für Mitarbeitende in der öffentlichen Verwaltung

Matthias Meister

Bibliografische Information der Deutschen Nationalbibliothek:

Die Deutsche Nationalbibliothek verzeichnet diese Publikation in der Deutschen Nationalbibliografie; detaillierte bibliografische Daten sind im Internet über http://dnb.d-nb.de abrufbar.

ISBN: 9783346576910
Dieses Buch ist auch als E-Book erhältlich.

Druck und Bindung: Books on Demand GmbH, Norderstedt Germany
Gedruckt auf säurefreiem Papier aus verantwortungsvollen Quellen

Das vorliegende Werk wurde sorgfältig erarbeitet. Dennoch übernehmen Autoren und Verlag für die Richtigkeit von Angaben, Hinweisen, Links und Ratschlägen sowie eventuelle Druckfehler keine Haftung.

Das Buch bei GRIN: https://www.grin.com/document/1165817

Hochschule der

Deutschen Gesetzlichen Unfallversicherung (HGU)

University of Applied Sciences

Studiengang Sozialversicherung, Schwerpunkt Unfallversicherung

Hausarbeit zur Erlangung des Leistungsnachweises
für die Master-Eignungsprüfung

Thema: **Möglichkeiten zur Gestaltung von Change-Prozessen
für Mitarbeitende in der öffentlichen Verwaltung im
Rahmen der Digitalisierung**

Vorgelegt am: 24.06.2021
Von: Matthias Meister

Inhaltsverzeichnis

Abkürzungsverzeichnis

BMI	Bundesministerium des Innern, für Bau und Heimat
BMWi	Bundesministerium für Wirtschaft und Energie
Destatis	Statistisches Bundesamt
FITKO	Föderale IT-Kooperation
IT	Informationstechnologie
KGSt	Kommunale Gemeinschaftsstelle für Verwaltungsmanagement
OZG	Onlinezugangsgesetz

1.   Einleitung

„Pantha rhei - Alles fließt."[1]

Wie zutreffend dieser Satz ist (der dem griechischen Philosophen Heraklit zugeschrieben wird), konnte man in den letzten Jahren im Bereich der Digitalisierung beobachten. Die Welt befindet sich im stetigen Wandel, sozusagen im Fluss. Digitale Informationen sind immer und überall abrufbar und lassen das Berufsleben mobil und flexibel werden. Gerade während der Covid-19-Pandemie konnte man erkennen, was mit den Mitteln der Digitalisierung möglich war und wo Defizite festgestellt wurden, die zukünftig zu lösen sind.[2] Alle Beteiligten der Gesellschaft sehen sich immer neuen Herausforderungen gegenüberstehen, gerade auch im Berufsleben. Die kontinuierliche Bereitschaft zur Veränderung wird hier zunehmend als selbstverständlich angesehen. Privatunternehmen fordern von Ihren Mitarbeitenden sich den verändernden Anforderungen eines digitalisierten Arbeitsumfeldes zu stellen, dieses positiv anzunehmen und möglichst ohne Widerstände in den Arbeitsalltag zu integrieren. Die Intention dahinter ist, dass nur eine sich stetig verändernde Organisation zukünftig auch wirtschaftlich erfolgreich sein kann.

Im Gegensatz dazu werden öffentliche Verwaltungsträger im gesellschaftlichen Umfeld oftmals als unflexibel, undynamisch und wenig innovativ angesehen.

Der oben beschriebene Anpassungsdruck und die Selbstverständlichkeit einer kontinuierlichen Veränderungsbereitschaft der Mitarbeitenden in der Privatwirtschaft, erfasst auch den Bereich der öffentlichen Verwaltung. Öffentliche Verwaltungsträger sehen sich jetzt und in Zukunft großen Aufgaben gegenüberstehen. Dies zeigt sich unter anderem an den Anstrengungen des Gesetzgebers zur Digitalisierung der öffentlichen Verwaltungsträger und die Verpflichtung, Leistungen digital anzubieten. [3]

Es darf nicht vergessen werden, dass Menschen ganz unterschiedlich mit diesen neuen Herausforderungen umgehen können. Eine wesentliche Zukunftsaufgabe für die öffentlichen Verwaltungsträger besteht darin, die Mitarbeitenden bei diesen Anpassungs- oder Change-

---

[1] Vgl. Leonhardt (2016:15)
[2] Vgl. Bundesministerium für Wirtschaft und Energie – BMWi (Hrsg.); (2021:3 ff.)
[3] Vgl. Föderale IT-Kooperation (FITKO); (2021:o. S.)

Prozessen zu begleiten und zu unterstützen. Mit dieser Thematik werden sich die weiteren Ausführungen inhaltlich beschäftigen.

Zunächst werden die zentralen Begriffe „öffentliche Verwaltung", „Digitalisierung" und „Change-Management" definiert. Anschließend wird darauf eingegangen, warum gerade für öffentliche Verwaltungsträger die Notwendigkeit besteht, Veränderungen im Rahmen der Digitalisierung planvoll anzugehen und ihre Beschäftigten darauf vorzubereiten. Auch wenn der wirtschaftliche Erfolgsdruck öffentliche Verwaltungsträger scheinbar nicht so sehr erfasst wie Privatunternehmen, so ist existiert trotzdem eine Erwartungshaltung von Politik, Gesellschaft und Privatwirtschaft, sich diesen Veränderungen zu stellen. Zudem werden einige Gestaltungsmöglichkeiten für Change-Prozesse beschrieben, die die Mitarbeitenden und deren Unterstützung als entscheidenden Erfolgsfaktor für Change-Prozesse bei öffentlichen Verwaltungsträgern herausstellen.

2.   Begriffsdefinitionen

2.1.   Begriff „öffentliche Verwaltung"

Unter dem Begriff „öffentliche Verwaltung" fallen in Deutschland die Bereiche der unmittelbaren und der mittelbaren Verwaltung. Zur unmittelbaren Verwaltung gehören die Gebietskörperschaften der Bundes-, Landes- und der Kommunalverwaltungen. Die mittelbare Verwaltung setzt sich aus der Gesamtheit der Träger oder Anstalten des öffentlichen Rechts, der Bundesagentur für Arbeit, der Deutschen Bundesbank, der Träger der Sozialversicherung, der öffentlich-rechtlichen Rundfunkanstalten und weiterer Träger in öffentlich-rechtlicher Rechtsform zusammen.[4]

Das Statistische Bundesamt (Destatis) zählt zum Personal des öffentlichen Dienstes in der öffentlichen Verwaltung alle Beamtinnen und Beamte, Richterinnen und Richter, Soldatinnen und Soldaten, Arbeitnehmerinnen und Arbeitnehmer, sowie alle Personen aus den o.g. Personengruppen, die sich in Ausbildung befinden.[5] Zum Stichtag 30.06.2019 arbeiteten im Bereich der öffentlichen Verwaltung rund 4,9 Millionen Beschäftigte.[6] Das Verhältnis der

---

[4] Vgl. Bogumil (2018:2830)
[5] Vgl. Destatis (Hrsg.); (2019:383)
[6] Vgl. Destatis (Hrsg.); (2020 a:25)

Beschäftigten im öffentlichen Dienst in Bezug auf die Gesamtzahl der Erwerbstätigen in Deutschland betrug bezogen auf Stichtagsberechnung zum 30.06.2018 11 %.[7]

2.2. Begriff „Digitalisierung"

Der Begriff „Digitalisierung" wird je nach Kontext heutzutage sehr unterschiedlich verwendet, so dass es hierfür keine allgemeingültige Definition gibt.[8]

Er kann sich auf die digitale Umwandlung und Darstellung von bisher analogen Informationen oder die digitale Transformation von Instrumenten beziehen[9]. Was früher als Briefpost bei öffentlichen Verwaltungsträgern eingegangen ist, wird heute digital übermittelt.

Daneben wird unter diesem Begriff auch die digitale Revolution oder auch die 3. Industrielle Revolution verstanden, die sich in der Privatwirtschaft in der Bereitstellung von Technologien für die Automatisierung oder technischen Unterstützung von Herstellungs- und Geschäftsprozessen äußert. Mit der Massentauglichkeit des Personal Computers und weiterführender Hardware- und Softwareprodukte hat die digitale Revolution auch in die Privathaushalte Einzug gehalten. [10]

In den letzten Jahren wird der Begriff Industrie 4.0 häufig im Zusammenhang mit Digitalisierung genannt. Im Vordergrund stehen dabei die Automatisierung, Flexibilisierung und Individualisierung in der Digitalisierung. Zudem wird darunter auch die Erschließung völlig neuer Geschäftsmodelle verstanden. [11] Man spricht auch von der digitalen Wende, dem digitalen Wandel oder der 4. Industriellen Revolution.

Vor diesem Hintergrund werden die Anforderungen an Privatunternehmen und öffentliche Verwaltungsträger zunehmend komplexer. Dies führt zu einem kontinuierlichen Anpassungs- und Veränderungsdruck auf die Arbeitsprozesse und die Bereitstellung von Waren und Dienstleistungen.

---

[7] Vgl. Destatis (Hrsg.); (2020 b:o. S.)
[8] Vgl. Schallmo (2016:3)
[9] Vgl. Bendel (2019: 62)
[10] Vgl. Bendel (2019: 63)
[11] Vgl. Ebd.

3

2.3. Begriff „Change-Management"

Um das „Change-Management" zu definieren, kann man zunächst eine Übersetzung vom Englischen ins Deutsche heranziehen – „Veränderungsmanagement"[12] oder das Management von Veränderungen. Change-Management wird als „laufende Anpassung von Unternehmensstrategien und -strukturen an verändernde Rahmenbedingungen"[13] beschrieben. Es ist von dem Gedanken getragen, die notwendigen Veränderungen frühzeitig zu erkennen, um Change-Prozesse im Unternehmen anzustoßen zu können. Dabei sollen konkret festgelegte Ziele in klar eingegrenzten Projekten oder Change-Prozessen verfolgt werden. Das Umfeld des Unternehmens (z.B. Markt, Politik und Gesellschaft) findet dabei ebenso Berücksichtigung. Und nicht zuletzt sollen die Mitarbeitenden auf die anstehenden Veränderungen durch das Change-Management vorbereitet werden.[14]

Auch im Bereich der öffentlichen Verwaltungsträger ist der Begriff Change-Management gebräuchlich. In diesem Zusammenhang wird von „Public Change Management"[15] gesprochen. Beim Bundesministerium des Innern, für Bau und Heimat (BMI) wird es als die „systematische Planung und Steuerung von Veränderungen z. B. von Organisationsstrukturen oder Prozessen"[16] beschrieben. Auch hier soll mit der Etablierung eines Change-Managements erreicht werden, dass Veränderungen planvoll angegangen werden, um die richtigen Entscheidungen im Veränderungsprozess treffen zu können.[17] Ein auf diese Art und Weise in der öffentlichen Verwaltung konstituiertes Change-Management stellt den **„Menschen als entscheidenden Faktor** für den Erfolg in den Mittelpunkt"[18]. Obwohl es Unterschiede zwischen der Privatwirtschaft und den öffentlichen Verwaltungsträgern gibt, so sind doch die grundlegenden Erkenntnisse und Vorgehensweisen beim Change-Management die gleichen.[19]

---

[12] Langenscheidt Online Wörterbuch Englisch-Deutsch (o. D. :o. S.)
[13] Gabler Wirtschaftslexikon (2004:587)
[14] Vgl. Doppler/Lauterburg (2019:93 f.)
[15] Speier-Werner (2006:23)
[16] BMI (Hrsg.) (2009:6)
[17] Vgl. BMI (Hrsg.) (2009:6)
[18] Ebd.
[19] Vgl. Berner (2009:o.S.)

3. Notwendigkeit von Veränderungen bei öffentlichen Verwaltungsträgern

Durch die zunehmende Digitalisierung und den digitalen Wandel stehen zunächst Privatunternehmen im Fokus des Veränderungsdrucks. Das BMWI beschreibt den digitalen Wandel auch als „die umfassende Vernetzung aller Bereiche von Wirtschaft und Gesellschaft sowie die Fähigkeit, relevante Informationen zu sammeln, zu analysieren und in Handlungen umzusetzen."[20] Dies hat auf Privatunternehmen, ihre Produkte und Dienstleitungen hohe Auswirkungen. Permanent müssen sie sich den veränderten Kundenanforderungen stellen und Lösungen erarbeiten, um gegen Konkurrenten bestehen zu können. Die komplexer werdende digitale Vernetzung der Unternehmen und der Innovationsdruck führen zu immer neuen Wettbewerbs- und Rahmenbedingungen.[21]

Vordergründig scheint es, dass öffentliche Verwaltungsträger diesem Veränderungsdruck nicht ausgesetzt sind. Als Anbieter von Leistungen, für die es keine Konkurrenzsituation gibt und auf die deren Kunden angewiesen sind, lässt die Notwendigkeit einer planvollen Anpassung an das geänderte Umfeld geringer erscheinen.[22] Des Weiteren ist zu beachten, dass öffentliche Verwaltungsträger andere Rahmenbedingungen haben als Privatunternehmen. Öffentliche Träger legitimieren ihre Handlungen aufgrund eines gesetzlich manifestierten Auftrags und unterliegen in ihrem Handeln im besonderen Maß der Rechtmäßigkeit und Wirtschaftlichkeit. Zudem weisen öffentliche Verwaltungsträger besondere Organisationsstrukturen auf. In vielen Bereichen gibt es einen institutionellen Schutz, der sich darin zeigt, dass die Verwaltungsträger hoheitliche Aufgaben wahrnehmen, die Mitarbeitenden unkündbar sind und oftmals über eine Bestandssicherung verfügen. [23]

Ein Veränderungsdruck gegenüber öffentlichen Verwaltungsträgern wird insbesondere durch die Privatwirtschaft und die Politik erzeugt. Mit Bezug auf den digitalen Wandel ist es heute nicht mehr verständlich, dass öffentliche Verwaltungsträger ihre Verwaltungsprozesse nicht vereinfachen, modernisieren, digitalisieren und vernetzen.[24] Der Gesetzgeber hat die öffentlichen Verwaltungsträger z.B. durch eine Digitalisierungsoffensive unter Druck gesetzt. Das

---

[20] BMWi (Hrsg.); (2015:3):
[21] Vgl. Litzke/Nolte (Hrsg.) (2008:96)
[22] Vgl. Berner (2009:o. S.)
[23] Vgl. Bogumil (2018:2834 f.)
[24] Vgl. Wörpel (2011:19 ff.)

2017 in Kraft getretene Onlinezugangsgesetz (OZG) bildet die rechtliche Verpflichtung für sie Verwaltungsportale anzubieten, miteinander zu verknüpfen und digitale Leistungen anzubieten.[25] Dabei hatte der Gesetzgeber in seinen Zielvorstellungen im Sinn, dass die Träger ihre Leistungen „einfacher, besser zugänglich und zugleich für die Verwaltung effizienter"[26] anbieten. Die Politik und die Privatwirtschaft haben dieselbe Erwartungshaltung gegenüber öffentlichen Verwaltungsträgern. Öffentliche Dienstleistungen, die durch Steuergelder finanziert werden, sollen am Gemeinwohl orientiert sein, wirtschaftlich erbracht werden und die Interessen der Privatwirtschaft zielgerichtet unterstützen.[27]

4. Möglichkeiten zur Gestaltung von Change-Prozessen

Der digitale Wandel erfasst die öffentlichen Verwaltungsträger demnach in vollem Umfang und führt zu einer Umstrukturierung ihrer Arbeitsprozesse.[28] Solche Veränderungen können von den Mitarbeitenden als bedrohlich wahrgenommen werden und ihre Bereitschaft zur Unterstützung der Umstrukturierungsmaßnahmen sinken lassen. Außerdem ist bei Mitarbeitenden von öffentlichen Trägern ein ausgeprägtes Sicherheitsbedürfnis feststellbar.[29] Aus diesem Grund ist eine frühzeitige Beteiligung der Mitarbeitenden an einem Veränderungs- oder Change-Prozess besonders für öffentliche Verwaltungsträger wichtig.[30]

Dazu gibt es in der Literatur die unterschiedlichsten Zusammenstellungen oder Auflistungen von Erfolgsfaktoren und Methoden, die für die Gestaltungen von Change-Prozessen mehr oder weniger entscheidend sind. Diese reichen von den empirischen Untersuchungen und Befragungen im Rahmen der CAPGEMINI-STUDIE von 2012[31] bis hin zu den Erfahrungen der Autoren im Umfeld als selbständige Organisationsberater, wie dies bei DOPPLER und LAUTERBURG der Fall ist. An dieser Stelle kann nur eine Auswahl der Erfolgsfaktoren und Gestaltungsmöglichkeiten herangezogen werden, die die Mitarbeitenden in den Fokus der Change-Prozesse stellen.

---

[25] Vgl. FITKO (2021:o. S.)
[26] BMI (Hrsg.) (2018:2)
[27] Vgl. Wörpel (2011:20)
[28] BMI (Hrsg.) (2014:10 f.); Braun (2020:75 f.)
[29] Vgl. Berner (2009:o. S.)
[30] Vgl. Berner (2009:o.S.)
[31] Vgl. Capgemini-Studie (2012:19 ff.)

4.1. Kommunikation, Kommunikation, Kommunikation und eine Vision

Die Kommunikation ist im Rahmen eines Change-Prozesses ein wesentliches Instrument. Die Mitarbeitenden müssen über die Notwendigkeit der Veränderungen informiert werden. Im Change-Prozess kann man nach DOPPLER und LAUTERBURG nicht zu viel kommunizieren. „Man kann höchstens falsch informieren".[32]

Kommunikation dient in der ersten Betrachtung dem Austausch von Informationen. Die erste Kernaufgabe der Verwaltungsführung (Top-down Prozess) ist der gezielte Informationsaustausch über die anstehenden Veränderungen. Hierbei muss die Verwaltungsführung klar definieren, was Inhalte und Ziele der Veränderungsmaßnahmen sind. Diese Kommunikation muss des Weiteren zielgruppengerecht sein, damit diese von den Mitarbeitenden in Bezug auf ihr tägliches Arbeitsumfeld interpretiert werden können.[33] Wenn z. B. ein öffentlicher Verwaltungsträger ein neues Informationstechnologie-System (IT-System) zur besseren und schnelleren Bearbeitung von Leistungsanträgen einführen möchte, dient die Kommunikation dazu, den Veränderungsprozess zu initiieren und die Mitarbeitenden über die Notwendigkeit ein solchen Maßnahme zu informieren. Sie müssen die Ziele der Veränderungsmaßnahme verstehen und als sinnvoll und notwendig akzeptieren.[34] In der CAPGEMINI-STUDIE von 2012 wird die Kommunikation als eine Art Basisausstattung im Change-Prozess beschrieben. In dieser Studie wird klargestellt, dass Veränderungen schwer aufgezwungen werden können. Vielmehr muss die Kommunikation darauf angelegt sein, die Menschen emotional zu erreichen und auf den Veränderungsprozess vorzubereiten.[35] Eine auf diese Art und Weise angelegte, vorzugsweise persönliche Kommunikation, wird mehr als die reinen Informationen weitergeben, sondern durch Gestik, Mimik und Tonfall auch Emotionen transportieren. Diese sind im Prozess eine wichtige Grundlage für die Motivation der Mitarbeitenden durch die Verwaltungsführung.[36] Zudem ist es wichtig, dass die am Veränderungsprozess beteiligten Personen ein gemeinsames Verständnis darüber haben, was und warum sich etwas ändern muss. Wenn

---

[32] Doppler/Lauterburg (2019:68)
[33] Vgl. Deutinger (2017:9)
[34] Vgl. Doppler/Lauterburg (2019:198)
[35] Vgl. Capgemini-Studie (2012:19 ff.)
[36] Vgl. Lauer (2019:75)

dieses Verständnis vorhanden ist, lässt sich daraus eine gemeinsame Vision ableiten. Nur diese motiviert alle Beteiligten den Change-Prozess aktiv und nach Kräften zu begleiten.[37]

„Nichts unterminiert die Kommunikation einer Vision des Wandels mehr als das Verhalten von Schlüsselspielern, das inkonsistent mit der Vision zu sein scheint."[38] In diesem Satz steckt die Weisheit des alten Sprichwortes „der Fisch stinkt vom Kopf". Wenn durch die Verwaltungsführung oder die beteiligten Führungskräfte die Vision der Veränderung nicht vorgelebt wird, werden es die Mitarbeitenden sehr schnell registrieren. Das Verhalten der Führungsebene hat große Auswirkungen darauf, wie ernst es die Mitarbeitenden mit der Vision im Veränderungsprozess meinen und ob die darauf angelegte Kommunikation zielführend ist.[39]

Um die Veränderungsmaßnahmen effektiv mit Kommunikation zu flankieren, bietet es sich an, eine klare und einfache Sprache zu verwenden, die von den Mitarbeitenden verstanden und nachvollzogen werden kann. Es ist oft eine größere Herausforderung einfach und direkt zu kommunizieren als überkompliziert und wortreich.[40]

Kommunikation ist auch keine Einbahnstraße. Oft wird gerade bei öffentlichen Verwaltungsträger das Über- und Unterordnungsverhältnis betont. Die Verwaltungsführung gibt den Takt vor und die Mitarbeitenden haben diesem Takt zu folgen. Dies führt zu Unsicherheiten bei den Mitarbeitenden und lässt deren Willen zur gemeinsamen planvollen Veränderung sinken. Wie in der o.g. CAPGEMINI-STUDIE beschrieben wird, können Veränderungsprozesse nicht erzwungen werden und schon gar nicht deren Befürwortung. Dies wurde auch in der IFOK STUDIE von 2010 bestätigt. Hier wurde der Dialog mit den Mitarbeitenden als ein entscheidender Hebel für einen erfolgreichen Wandel hervorgehoben (Workshop mit Führungskräften, Workshop mit Mitarbeitenden etc.). Im Change-Prozess sollte dieser Dialog früh erfolgen, um die Mitarbeitenden dort abzuholen, wo sie im Moment stehen.[41] In diesem Zusammenhang spielen auch entsprechende Qualifizierungsmaßnahmen eine relevante Rolle.

---

[37] Vgl. Kotter (2013:73)
[38] Kotter (2013:82)
[39] Vgl. Kotter (2013:82)
[40] Vgl. Hoch et. al. (2005:77)
[41] IFOK GmbH (Hrsg.) (2010:2 ff.)

4.2. Qualifizierungsmaßnahmen

Durch den digitalen Wandel oder die Digitalisierung der Verwaltung nehmen die Mitarbeitenden von öffentlichen Verwaltungsträgern Veränderungen ihres Umfeldes und ihrer bisher gewohnten Arbeitsabläufe wahr (siehe o.g. Beispiel Einführung eines neuen IT-Systems). Dabei werden die Unterschiede von der bisherigen Praxisarbeit zu einer neuen Herangehensweise in der Bearbeitung schnell offensichtlich. Oftmals verursachen diese Ängste und Widerstände. Bei diesen Ängsten kann es sich um die Sorge vor dem Arbeitsplatzverlust handeln, der mit dem neuen Bearbeitungssystem vielleicht überflüssig wird. Oder es sind Identitätsängste, dass die bisherige Art und Weise der gewohnten Bearbeitung nun nicht mehr ausreichen. Zudem entstehen Leistungs- und Erfolgsängste, weil die eigene Qualifikation für die geforderten neuen Fähigkeiten nun nicht mehr ausreicht.[42] Dies führt bei den Mitarbeitenden zu Stress. Ihre individuellen Kompetenzen und Fähigkeiten, mit denen man in der Vergangenheit die Arbeitssituationen gemeistert hat, werden nun in Frage gestellt.[43] Die berufliche Tätigkeit und die gewohnte Arbeitserledigung gehören mit zum Selbstwertgefühl von Mitarbeiterinnen und Mitarbeitern. Sie beziehen ihr Selbstbewusstsein und ihre Selbstachtung auch in Bezug auf die berufliche Beschäftigung. Wenn umfassende Veränderungen diese bedrohen, hat es Auswirkungen auf das seelische Gleichgewicht.[44] Bei größeren Veränderungen in Unternehmen oder öffentlichen Verwaltungsträgern, ist es aber essenziell, dass alle Mitarbeitenden den Change-Prozess akzeptieren, um die Ziele der gemeinsamen Vision zu erreichen.[45] Die Qualifikation von Mitarbeitenden ist ein wichtiger Baustein, um sie mit den geforderten Fähigkeiten auszurüsten, damit sie sich im veränderten Arbeitsumfeld wieder zurechtfinden. In der Kienbaum-Studie von 2012 wird beschrieben, dass 97 % der Mitarbeiterinnen und Mitarbeiter erwarten, dass Qualifizierungsmaßnahmen angeboten werden.[46]

In der Literatur werden die unterschiedlichsten Qualifizierungs- oder Re-Edukations-Maßnahmen (z.B. Seminare, Schulungen, E-Learning, Blended Learning, Mentoring, Coaching, Multiple Management, Job Rotation) beschrieben.[47] Diese werden im besten Fall proaktiv im Rahmen eines Change-Prozesses durch die Verwaltungsführung implementiert. Ziel sollte es sein,

---

[42] Vgl. Kommunale Gemeinschaftsstelle für Verwaltungsmanagement - KGSt (2006:60 ff.)
[43] Vgl. Cacaci/Wüthrich (Hrsg.) (2006:63)
[44] Vgl. Cacaci/Wüthrich (Hrsg.) (2006:67)
[45] Vgl. Kotter (2013:87)
[46] Vgl. Kienbaum (2012, S. 19 f.)
[47] Vgl. Lauer (2019:185)

dass die Mitarbeitenden mit dem notwendigen Wissen ausgestattet werden und sich die erforderlichen Fähigkeiten und Fertigkeiten aneignen können.[48] Hierbei ist darauf zu achten, dass diese Maßnahmen auf das Arbeitsumfeld der Mitarbeitenden abgestimmt sind und in diese integriert werden.[49] Des Weiteren sollten die Qualifizierungsmaßnahmen nicht nur im Rahmen der technischen Projektlaufzeit einer Veränderungsmaßnahme erfolgen. Nach KOTTER muss sichergestellt werden, dass die Maßnahmen nicht nur punktuell und zeitlich begrenzt bereitgestellt werden. Auch nach Erreichung des gewünschten Zieles muss den Mitarbeitenden weiterhin Hilfestellung im Rahmen ihrer täglichen Arbeit angeboten werden.[50]

Um die Transparenz und Akzeptanz zu steigern, ist die Einbindung der Mitarbeitenden in die entscheidenden Prozesse zudem essenziell.

4.3.   Beteiligung von Mitarbeitenden

Die Beteiligung von Mitarbeitenden ist nach LAUER der „klassische Erfolgsfaktor"[51] bei der Gestaltung von Change-Prozessen. Der Grad der Beteiligung kann zwischen völliger und keiner Beteiligung liegen.

Wenn Mitarbeitende schon früh über den Veränderungsprozess informiert und darin einbezogen werden, erhöht dies die Motivation und lässt die Widerstände dagegen abnehmen. LAUER spricht hier aber von einer echten Beteiligung der betroffenen Mitarbeitenden und keiner Alibi-Beteiligung.[52] Nach DOPPLER und LAUTERBURG werden drei Gründe für die Beteiligung von Mitarbeitenden in Change-Prozessen angeführt:

1. Praxisgerechtere Lösungen

2. Motivationsschub

3. Identifikationsmöglichkeit

Wenn die unmittelbar betroffenen Mitarbeitenden an dem Design oder der Implementierung der Lösung beteiligt werden, bringen diese ihre jahrelange Praxiserfahrung ein. Diese führt dazu, dass schnellere und pragmatische Lösungen gefunden werden und Fehler im Change-Prozess vermieden werden. Zudem steigert die Beteiligung auch die Motivation der

---

[48] Vgl. Lauer (2019:185 f.)
[49] Vgl. Lauer (2019:189)
[50] Vgl. Kotter (2013:91)
[51] Lauer (2019:153)
[52] Vgl. Lauer (2019:153)

Mitarbeitenden, da sie an der Umsetzungsstrategie unmittelbar involviert sind und ihr Engagement einbringen können. Wer sich im Change-Prozess beteiligt, wertgeschätzt und gefragt sieht, identifiziert sich mit der zu implementierenden Lösung. Hierbei ist äußerst wichtig, dass eine Einbindung schon sehr früh im Change-Prozess erfolgt. Nur mit dem Wissen über die Ausgangslage und den gewünschten Zielvorgaben können die beteiligten Mitarbeiterinnen und Mitarbeiter voller Überzeugung die Umsetzungsstrategie unterstützen und dies auch, wenn es zu negativen Konsequenzen kommt. [53]

Bei der Durchführung von Change-Prozessen mit einem hohen Komplexitätsgrad ist die Beteiligung von qualifizierten Personen unbedingt notwendig. Nur mit einem solchem Team lassen sich Strategien und Lösungen finden, die die Beteiligten unterstützen und für die öffentlichen Verwaltungsträger auch wirtschaftlich sind.[54]

Die Kritik, dass die Beteiligung von Mitarbeitenden Zeit kostet, ist nur zum Teil richtig. Die im Rahmen der Partizipation von Mitarbeitenden investierte Zeit ist nach DOPPLER und LAUTERBURG gut angelegt, da diese im Verlauf der Realisierung wieder eingespart werden kann. Die Beteiligung wirkt zudem motivationsfördernd. [55]

Auch der Kritikpunkt, dass eine zu tiefe Beteiligung von Mitarbeitenden dazu führt, dass über den Change-Prozess nur noch kommuniziert wird, anstatt ihn anzugehen, ist nach DOPPLER und LAUTERBURG ein Irrtum. Die Mitarbeitenden wollen überhaupt nicht bei allen anstehenden Fragen mitreden, sondern nur bei denjenigen Fragen mitwirken, die hohe Auswirkungen auf ihre tägliche Arbeit haben und zu denen sie aufgrund ihrer Erfahrungen auch etwas beitragen können.[56] LAUER spricht in diesem Zusammenhang von einer „zielgruppengerechten Einbeziehung"[57]. Es ist Aufgabe der Verwaltungsführung, die Beteiligung der Mitarbeitenden an Change-Prozessen zwischen den beiden Gegenpolen Top-Down (keine Partizipation) und Bottom-Up (komplette Partizipation) auf die jeweilige Situation abzustimmen.[58]

[53] Vgl. Doppler/Lauterburg (2019:192)
[54] Vgl. Doppler/Lauterburg (2019:193)
[55] Vgl. Ebd.
[56] Vgl. Doppler/Lauterburg (2019:193)
[57] Lauer (2019:158)
[58] Vgl. Doppler/Lauterburg (2019:194)

5. Fazit

Im Rahmen dieser Hausarbeit sollte auf die Wichtigkeit hingewiesen, dass öffentliche Verwaltungsträger sich den veränderten Rahmenbedingungen durch die Digitalisierung und den digitalen Wandel stellen müssen. Sie unterliegen hier dem gleichen Anpassungsdruck wie die Privatwirtschaft.

Des Weiteren sind die öffentlichen Verwaltungsträger der größte Arbeitgeber in Deutschland und für Ihre Mitarbeitenden verantwortlich.[59] Zudem erfüllen sie einen gesetzlichen und gesellschaftlichen Auftrag. Damit sie dies auch in Zukunft tun können, müssen die Träger und ihre Mitarbeitenden gemeinsam fit gemacht werden. Die Rahmenbedingungen werden auch in Zukunft hoch volatil sein und sich nur schwer prognostizieren lassen.

In diesem Umfeld müssen öffentliche Verwaltungsträger eine Strategie finden, die unter Berücksichtigung ihrer besonderen Organisationsstruktur und der Organisationsziele eine kontinuierliche Transformation ihrer Organisation gewährleistet. Aus Sicht des Autors muss bei allen Transformationsprozessen eines öffentlichen Verwaltungsträgers ein Change-Management etabliert werden.[60] Veränderungen sind nicht nur als ein kurzfristiger Zeitabschnitt anzusehen, der die Begleitung durch das Change-Management notwendig macht. Vielmehr werden diese Veränderungen zu einer „Regelerscheinung"[61] im Rahmen der Digitalisierung, die eine generelle Etablierung eines Change-Managements notwendig macht.[62]

Die Mitarbeitenden und ihre Unterstützung sind von herausragender Bedeutung für den Erfolg von Change-Prozessen. Eine Verwaltungsführung, die Veränderungsmaßnahmen im besten preußischem Beamten-Stil anordnet, ohne dabei die Empfindungen und Emotionen ihrer Mitarbeitenden zu berücksichtigen, wird die gesetzten Ziele nicht erreichen können.

Die dargestellten Gestaltungsmöglichkeiten für Change-Prozesse in den Bereichen Kommunikation, Qualifizierung- und Beteiligung der Mitarbeitenden von öffentlichen Verwaltungsträgern, bilden nur eine Auswahl der in der Literatur beschriebenen Erfolgsfaktoren im Rahmen des Change Managements. Sie sind aus Sicht des Autors aber besonders hervorzuheben, da sie die Grundlagen für eine kontinuierliche und intrinsisch motivierte Bereitschaft der

---

[59] Vgl. Destatis (Hrsg.); (2020 b:o. S.)
[60] Gabler Wirtschaftslexikon (2004:587)
[61] Vgl. Gabler Wirtschaftslexikon (2004:587).
[62] Ebd.

Mitarbeitenden zur Veränderung legen. Nur der wertschätzende Umgang mit ihren Mitarbeitenden wird öffentliche Verwaltungsträger in die Lage versetzen, den Herausforderungen des digitalen Wandels gut begegnen zu können.

Literaturverzeichnis

Bendel, Oliver:350 Keywords Digitalisierung. Wiesbaden 2019.

Berner, Winfried: Öffentlicher Dienst: Change Management unter anderen Vorzeichen?. 2009. Online: https://www.umsetzungsberatung.de/unternehmenskultur/oeffentlicher-dienst.php [18.06.2021].

Bogumil, Jörg: Verwaltung, öffentliche, In: ARL–Akademie für Raumforschung und Landesplanung (Hrsg.): Handwörterbuch der Stadt- und Raumentwicklung S. 2829-2839. Online: http://nbn-resolving.de/urn:nbn:de:0156-55992682 [18.06.2021], Hannover 2018.

BMI (Hrsg.): Change Management, Anwendungshilfe zu Veränderungsprozessen in der öffentlichen Verwaltung. Online: https://www.verwaltung-innovativ.de/SharedDocs/Publikationen/Presse_Archiv/20100224_anwendungshilfe_change_management.pdf;jsessionid=F567D56063D1EFF86456158B7954A012.1_cid332?__blob=publicationFile&v=2 [18.06.2021]. Berlin 2009.

BMI (Hrsg.): Digitale Verwaltung 2020, Regierungsprogramm 18. Legislaturperiode. Online: https://www.bmi.bund.de/SharedDocs/downloads/DE/publikationen/themen/moderne-verwaltung/regierungsprogramm-digitale-verwaltung-2020.pdf?__blob=publicationFile&v=4 [18.06.2021]. Berlin 2014.

BMI (Hrsg.): OZG-Umsetzungskonzept: Digitalisierung als Chance zur Politikgestaltung – Umsetzung des Onlinezugangsgesetzes. Online: https://www.bmi.bund.de/SharedDocs/downloads/DE/publikationen/themen/moderne-verwaltung/ozg-umsetzungskonzept.pdf?__blob=publicationFile&v=3 [18.06.2021]. Berlin 2018.

BMWI (Hrsg.): Industrie 4.0 und Digitale Wirtschaft – Impulse für Wachstum, Beschäftigung und Innovation. Online: https://www.bmwi.de/Redaktion/DE/Publikationen/Industrie/industrie-4-0-und-digitale-wirtschaft.pdf%3F__blob%3DpublicationFile%26v%3D3 [18.06.2021]., Berlin 2015.

BMWi (Hrsg.): Digitalisierung in Deutschland – Lehren aus der Corona-Krise. Online: https://www.bmwi.de/Redaktion/DE/Publikationen/Ministerium/Veroeffentlichung-Wissenschaftlicher-Beirat/gutachten-digitalisierung-in-deutschland.pdf?__blob=publicationFile&v=4 [18.06.2021]. Berlin 2021.

Braun, Martin: Impulse einer präventiven Arbeitsgestaltung zur Digitalisierung der öffentlichen Verwaltung, In: Zentralblatt für Arbeitsmedizin, Arbeitsschutz und Ergonomie S. 75–80 (2021). 2021. Online: https://doi.org/10.1007/s40664-020-00408-4 [18.06.2021].

Cacaci, Arnaldo; Wüthrich Hans A. (Hrsg.): Change Management – Widerstände gegen Wandel, Plädoyer für ein System der Prävention. Wiesbaden 2006.

Capgemini-Deutschland GmbH: Digitale Revolution, Ist Change Management mutig genug für die Zukunft?. Online: https://www.capgemini.com/consulting-de/wp-content/uploads/sites/32/2017/08/change_management_studie_2012_0.pdf [18.06.2021]. München 2012.

Destatis (Hrsg.): Statistisches Jahrbuch Deutschland und Internationales 2019. Online: https://www.destatis.de/DE/Themen/Querschnitt/Jahrbuch/statistisches-jahrbuch-2019-dl.pdf [18.06.2021]. Wiesbaden 2019.

Destatis (Hrsg.): Finanzen und Steuern, Personal des öffentlichen Dienstes, In: Fachserie 14 Reihe 6. Online: https://www.destatis.de/DE/Themen/Staat/Oeffentlicher-Dienst/Publikationen/Downloads-Oeffentlicher-Dienst/personal-oeffentlicher-dienst-2140600197004.pdf [18.06.2021]. Wiesbaden 2020 a.

Destatis (Hrsg.): Pressemitteilung Nr. N 021 vom 29. April 2020. Online: https://www.destatis.de/DE/Presse/Pressemitteilungen/2020/04/PD20_N021_742.html [18.06.2021]. Wiesbaden 2020 b.

Deutinger, Gerhild: Kommunikation im Change: Erfolgreich kommunizieren in Veränderungsprozessen. Berlin/Heidelberg 2013.

Doppler, Klaus; Lauterburg, Christoph: Change Management. Den Unternehmenswandel gestalten, 14.Auflage. Frankfurt 2019.

FITKO (Hrsg.): Flächendeckende Digitalisierung der Verwaltung Deutschlands bis 2022. 2021. Online: https://www.it-planungsrat.de/DE/ITPlanungsrat/OZG-Umsetzung/OZG_Umsetzung_node.html [18.06.2021].

Gabler Wirtschaftslexikon A-D, 16.Auflage. Wiesbaden 2004.

Hoch, Detlev J., et al.: Erfolgreiches IT-Management im öffentlichen Sektor: Managen statt verwalten. Wiesbaden 2005.

IFOK GmbH (Hrsg.): Pluspunkt Erfolgsfaktor Change Communication – zwischen Wunsch und Wirklichkeit. 2010. Online: https://changekommunikation.files.wordpress.com/2011/01/ifok_studie_change_communication.pdf [18.06.2021].

KGSt: Erfolgsfaktoren für E-Government-Lösungen: Nutzungsanreize, Marketing und mehr, In: KGSt-Bericht 1/2006. Online: https://www.kgst.de/dokumentdetails?path=/documents/20181/87286/20060425B0016.pdf/a9ff2802-2ca6-4738-b16f-6be9f2a5d9b3 [18.06.2021]. Köln 2006.

Kienbaum Management Consultant GmbH (Hrsg.): Change. Points of View. Change-Management-Studie 2011-2012. 2012. Online: https://docplayer.org/1553706-Kienbaum-management-consultants-change-points-of-view-change-management-studie-2011-2012.html [18.06.2021].

Kotter, John P.: Leading Change: Wie Sie Ihr Unternehmen in acht Schritten erfolgreich verändern. München 2013.

Lauer, Thomas: Change Management: Grundlagen und Erfolgsfaktoren, 3. Auflage. Berlin/Heidelberg 2019.

Leonhardt, Roland: Philosophie als Inspiration für Manager: Anregungen und Zitate großer Denker von Aristoteles bis Wittgenstein 2. Auflage. Wiesbaden 2016.

Nolte, Rüdiger (Hrsg.); Litzke, Sven Max: Change Management Theorie und Praxis, In: Schriftenreihe 51, Fachhochschule des Bundes für öffentliche Verwaltung; Online: http://hdl.handle.net/20.500.11780/465 [18.06.2021]. Brühl 2008.

Pons GmbH: Langenscheidt Online Wörterbuch Englisch-Deutsch; o.J.. Online: https://de.langenscheidt.com/englisch-deutsch/change-management#change%20management [18.06.2021].

Schallmo, Daniel R. A.: Jetzt digital transformieren: So gelingt die erfolgreiche digitale Transformation Ihres Geschäftsmodells. Wiesbaden 2016.

Speier-Werner, Petra: Public Change Management: Erfolgreiche Implementierung neuer Steuerungsinstrumente im öffentlichen Sektor. Wiesbaden 2006.

Wörpel, Christian: Change Management in der öffentlichen Verwaltung: Die Verwaltungsbeschäftigten im Fokus von IT-Veränderungsprozessen. Diplomica Verlag 2011.